# LE MUR MITOYEN, OU LE DIVORCE MANQUÉ,

## COMÉDIE-VAUDEVILLES, EN UN ACTE.

Par BARRÉ ET BOURGUEIL.

*Représentée, pour la première fois, sur le théâtre du Vaudeville, le 3 ventose, an 4.*

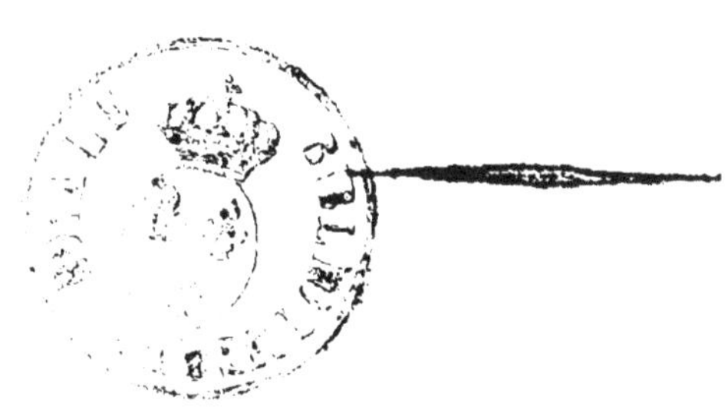

A PARIS,

Chez BARBA, Libraire, Palais du Tribunat, galerie derrière le théâtre Français de la République, n°. 51.
Et au Théâtre du Vaudeville.

AN X. (1802.)

| *PERSONNAGES.* | ACTEURS. |
|---|---|
| LINVAL. | *Henry.* |
| JULIETTE, sa femme. | *Blosseville.* |
| CRINCOUR, ancien procureur. | *Lenoble.* |
| ANTOINE, jardinier de Linval. | *Duchaume.* |

*La scène est double, elle représense deux jardins, séparés par un mur mitoyen; l'un est le jardin de Linval, l'autre un jardin loué par sa femme, sous le nom d'Elise.*

# LE
# MUR MITOYEN.

## SCENE PREMIERE.

ANTOINE *seul dans le jardin de Juliette, travaillant à un petit tertre élevé près du mur.*

Air : *As tu vu la lune, Jean.*

Nous devons, en certains cas,
Usor du divorce,
Car les cœurs ne veulent pas
Etre unis de force,
(*Il quitte son ouvrage.*)

Il faut pour bien vivre deux,
Que tous deux l'on s'aime,
Dès que l'un est malheureux,
L'autre l'est de même.

Par fois à trop se hâter,
Pourtant l'on hasarde ;
Sage qui sait se quitter,
Heureux qui se garde.

Oui, jarni ! et je l'ai bien dit à mon maître. Je l'aime comme mon propre fils ; je l'ai vu naître. Aussi je le gronde... ah ! d'importance. Monsieur Linval, lui ai-je dit vingt fois, vous avez pris une femme, jeune et jolie, qui ne demandait pas mieux que d'être aimable ; mais vous l'avez négligée : traitée comme un enfant, elle vous regardait comme un mentor, plutôt que comme un mari. Delà, l'humeur, la bouderie, la froideur... puis les conseils... Madame retourne chez sa mère, monsieur ne fait pas un pas pour la ramener ! Cela est-il bien, après un an de mariage ? Il y a pourtant six mois que cela dure ; mais, grace à moi, grace à votre jardinier, cela va finir. J'ai d'abord guéri la dame d'un mouvement de jalousie ; elle croyait que son mari avait le cœur pris ailleurs. Eh bien ! je lui ai conseillé de louer, sous un nom emprunté, sous celui d'Elise, cette maison, dont le jardin touche à celui de son mari. Delà elle l'a guetté ; elle a jugé de sa conduite sage et rangée... Mieux que tout cela... Mais la voici.

---

## SCENE II.

JULIETTE, ANTOINE, *dans le jardin de Juliette.*

JULIETTE.

Ah ! ah ! Antoine, déjà à l'ouvrage.

ANTOINE.

Ah ! nous autres, j'sommes matinals ; j'achevons cette petite montée : vous voyez que je travaille de plus d'une manière à vous rapprocher de votre mari. Il est sorti ce matin, je suis venu vous trouver, et, tout en travaillant, je songeais. . . .

JULIETTE.

A quoi ?

ANTOINE.

Au sujet de notre entreprise qui a passé notre espérance.

JULIETTE.

Il est vrai.

ANTOINE.

Vous ne vouliez pas vous assurer par vous-même si ce n'était pas par inconstance que votre mari vous oubliait, et vous ménager une occasion de le rencontrer...

JULIETTE.

C'est qu'il n'en faut pas davantage pour se raccommoder.

Air : *Deux enfans s'aimaient d'amour tendre.*

De l[illegible]n l'on se fait maint reproches,
J[illegible]s de loin, l'on ne s'entend ;
Mais que le hazard nous rapproche,
Et la paix est faite à l'instant.
Le premier regard sert d'excuse,
On se revoit, on est d'accord ;
Ce n'est plus que soi qu'on accuse,
Et chacun croit seul avoir tort.

ANTOINE.

Eh bien ! le hazard a mieux fait.

Air : *Pour vous je vais me décider.*

Il est vrai qu'il sert bien par fois,
En arrivant ici je chante :
Mon mari m'entend, et ma voix,
Qu'il ne reconnaît pas...

ANTOINE.

L'enchante.
A vous écouter, attaché,
Comme son ame était émue !...

JULIETTE.

Ah ! de ma voix s'il fut touché,
C'est qu'il ne la pas reconnue.

ANTOINE.

Il ne faut rien outrer. Depuis plus de six mois, il ne vous avait pas entendue ; d'ailleurs vous chantiez peu autrefois.

JULIETTE.

Je chantais mal : j'ai trop négligé les talens ; celui-là surtout que mon mari aimait.

ANTOINE.

Il est vrai que je n'ai jamais vu un homme si passionné de musique.

JULIETTE.

J'ai tâché de réparer cette faute.

ANTOINE.

Il vous a répondu : de petits *duos* se sont arrangés entre vous, et d'un genre tout particulier.

JULIETTE.

Embarrassant quelquefois.

ANTOINE.

Il faut en effet que vous sachiez bien des chansons pour ne lui répondre jamais qu'avec des refreins. Enfin vous avez réussi ; vingt fois, si je n'avais été là, il se serait précipité par-dessus cette muraille ; aussi je n'ose le quitter un instant ; et que de peines il m'en coûte pour rendre inutile toutes celles qu'il prend pour vous découvrir.

JULIETTE.

L'illusion.

ANTOINE.

La sienne est complète ; sans vous avoir vue, sans savoir qui vous êtes, il est devenu de vous amoureux fou, seulement parce qu'il ignore que vous êtes sa femme.

JULIETTE.

Que veux-tu.

*Vaud. de Pigmalion.*

La facilité, l'habitude
Otent tout leur charme aux plaisirs,
Comme il est sans inquiétude,
L'hymen est bientôt sans desirs :
Il éteint les plus vives flammes :
Mais combien d'hommes dans Paris,
Seraient les amans de leurs femmes
S'ils n'en étaient pas les maris.

ANTOINE.

Le vôtre remplit ces deux tâches à la fois, on ne peut pas mieux. Pour vous éprouver comme votre amant, il veut divorcer avec vous comme votre mari. Tenez, j'oubliais que j'avais encore une lettre à vous remettre à ce sujet.

JULIETTE, *prenant la lettre.*

L'ingrat ! et pourtant je ne vois jamais son écriture sans une sorte de plaisir. ( *elle parcourt la lettre.* )

ANTOINE.

Vous devez être bien contente.

JULIETTE.

Qu'oses-tu dire ?

ANTOINE.

Vous vouliez regagner l'amour de votre mari ; il ne pouvait pas vous en donner une meilleure preuve.

JULIETTE.

Le perfide. ( *elle s'assied et lit la lettre.* )

ANTOINE, *à part.*

Elle n'est pas contente. Que dirait-elle donc s'il en aimait une autre. Hé ! hé ! elle le voudrait peut-être.

Air : *Du vaud. des Chasseurs.*

S'il eut aimé quelqu'autre belles,
Il aurait pu l'abandonner,
Ce sacrifice à l'infidèle
Par fois engage à pardonner ;
Cette folie est sans égale,
Mais une femme au fond du cœur,
S'applaudit moins de son bonheur
Que du dépit de sa rivale. *(bis.)*

JULIETTE, *avec dépit, en se levant.*

Qui peut le porter à renoncer à moi pour jamais.

ANTOINE.

La passion que vous lui inspirez, puis les conseils.

JULIETTE.

Mon mari n'a pas même cet excuse à m'alléguer.

ANTOINE.

Bon : et ce Crincour qui fait vos affaires.

JULIETTE.

Crincour ! il n'a pas d'esprit, mais il nous est attaché ; il a notre confiance.

ANTOINE.

C'est ben l'tampis.

Air : *De la croisée.*

A cet homme vous avez tort
D'accorder votre confiance ;
C'est un bavard...

JULIETTE.

J'en suis d'accord.

ANTOINE.

Très-enclin à la médisance.

JULIETTE.

Des sots c'est le défaut bannal.

ANTOINE.

On doit craindre un tel caractère ;
Celui qui dit toujours du mal,
N'est pas bien loin d'en faire.

JULIETTE.

Antoine, vous lui faites injure ; Crincour n'a cessé de venir me voir chez ma mère, et je me suis reproché de ne lui avoir pas confié ce que je faisais pour me rapprocher de mon mari.

ANTOINE.

Eh bien, vous lui auriez fait plaisir.

---

## SCENE III.

JULIETTE, ANTOINE, *dans le jardin de Julliette*, CRINCOUR, *dans le jardin de Linval.*

CRINCOUR, *en entrant.*

Antoine ! Antoine ! ( *il cherche de côté et d'autre.* )

ANTOINE.

Je l'entends.

CRINCOUR.

Où est-il ? ( *il continue de chercher.* )

ANTOINE, *à voix basse.*

Il arrive à propos, votre mari n'y est pas, je vais le faire jaser, restez-là, vous entendrez quel homme c'est; pour être plutôt arrivé, je vais passer par la porte de la ruelle.

JULIETTE.

Viens, je vais te l'ouvrir. ( *ils sortent.* )

---

## SCENE IV.

CRINCOUR, *seul dans le jardin de Linval.*

Eh bien ! je ne trouverai ici ni le domestique, ni le maître ; personne à qui remettre ces papiers ! C'est une bonne affaire que ce divorce, et qui me dédommagera j'espère de mon étude ! Quelle perte j'ai faite là.

Air : *Il n'est qu'un pas du mal au bien.*

J'étais un procureur habile !
Les causes que j'entreprenais,
Comme avec art je les traînais,
C'était un talent bien utile.
Sans moi l'on aurait, au Palais,
Vu la moitié moins de procès.

Mais personne aujourd'hui ne plaide;
Personne aussi ne sais plaider,
Aux loix l'on ne peut plus aider,
Dès qu'on a tort il faut qu'on cède!
La réforme des procureurs
A réformé bien des plaideurs !

Pour moi, je ne me mêle plus que de divorces ; il n'y a que ces affaires-là qui ressemblent à celles d'autrefois: les parties sont animées, fâchées; on se chicane du moins, cela fait plaisir. Et puis... Je crois entendre Antoine.

---

## SCENE V.

ANTOINE, CRINCOUR, *dans le jardin de Linval.*

CRINCOUR.

Te voilà !

ANTOINE.

Bon jour, monsieur Crincour.

CRINCOUR.

Linval est sorti ?

ANTOINE.

Il ne rentrera que dans une heure.

CRINCOUR.

Tant pis.

ANTOINE.

Pourquoi ?

CRINCOUR.

Je ne peux pas l'attendre, et j'aurais voulu lui remettre les papiers nécessaires à son divorce qu'il m'a donné hier.

ANTOINE.

Déjà !

CRINCOUR.

Ils y sont tous.

ANTOINE.

Comme vous êtes expéditif.

CRINCOUR.

Quand il s'agit d'obliger, rien ne me coûte.

ANTOINE.

Voilà le bonheur de mon maître, il a de bons amis.

CRINCOUR.

Et de bons domestiques.

ANTOINE.

Comment.

CRINCOUR.

J'y vois clair, monsieur Antoine.

ANTOINE.

Je ne vous comprens pas.

CRINCOUR.

Depuis plus de six mois que Linval est éloigné de sa femme, je ne pouvais le décider à se mettre en règle pour son divorce; mais, depuis quinze jours... oh ! il me presse... il ne me laisse pas le tems de respirer.

ANTOINE.

Eh bien !

CRINCOUR.

Il m'a mis au fait de tout... de la voisine, dont la voix est charmante... Je gagerais que c'est toi qui a arrangé tout cela.

ANTOINE.

Pourquoi pas.

CRINCOUR.

C'est tout simple, tu vois ton maître triste, ennuyé....Est-elle jolie ?

ANTOINE.

Fort bien.

CRINCOUR.

Peu connue je pense, tant mieux ! le mariage en sera plus aisément conclu. Ce pauvre Linval est si bon ; mais qu'il fasse une sottise, peu m'importe !

ANTOINE.

Vous me soupçonneriez ?...

CRINCOUR.

Allons, ne vas-tu pas jouer au fin avec moi. Eh, mon ami, tu me sers.

ANTOINE.

Ma foi, je vous avouerai que ce n'était pas mon intention; mais je devine maintenant pourquoi vous vous donnez tant de peine ; pourquoi vous avez si à cœur le divorce de monsieur Linval et de sa femme. Oui !

Air : *De la prévention.*

D'un zèle aussi vif, aussi rare,
J'entrevois le motif secret.
Quand le divorce les sépare,
Vous y trouvez votre intérêt.

CRINCOUR.

Très-peu m'importe, au fond de l'ame,
Qu'il cesse d'être son époux.

ANTOINE.

Mais il vous importe, entre nous,
Qu'elle cesse d'être sa femme.

Je me doutais que vous l'aimiez.

CRINCOUR.

Oh !

ANTOINE.

Quel mal. Grace aux soins que nous prenons tous les deux, elle va être libre.

CRINCOUR.

Il est vrai !

ANTOINE.

Elle est jeune, aimable.

CRINCOUR.

Charmante!

ANTOINE.

Riche d'ailleurs. Elle a apporté une bonne dot à son mari.

CRINCOUR.

Je tiens le contrat, mon ami; cent mille écus en fond de terre.

ANTOINE.

Vous l'aimez.

CRINCOUR.

Je te le demande! Mais toi, il faut hâter l'entrevue avec l'autre.

ANTOINE.

J'y travaille.

---

## SCENE VI.

LES PRÉCÉDENS, *dans le jardin de Linval*, JULIETTE, *dans son jardin.*

JULIETTE, *en entrant.*

Est-il encore là? (*elle s'approche du mur.*)

CRINCOUR.

Plus ses affaires s'avanceront près de son Elise...

JULIETTE.

Oui, c'est lui. (*elle écoute.*

CRINCOUR.

Plus les miennes s'avanceront près de sa femme.

ANTOINE.

Vous croyez.

CRINCOUR, *à voix basse.*

Pour prendre l'une, il faut qu'il quitte l'autre.

JULIETTE, *de même.*

Il voit juste.

CRINCOUR.

Je conçois que la demoiselle hésite; peut-être n'a-t-elle pas jugé encore le moment convenable.

JULIETTE, *de même.*

En effet.

CRINCOUR.

Je m'en rapporte à elle ; d'après ce que Linval m'a dit, c'est une adroite personne.

JULIETTE, *de même.*

L'insolent.

CRINCOUR.

Et puis, comme dit la chanson.

Air : *Vaud. des Moutagnards.*

La beauté sensible abandonne
Ce qu'elle craint d'abandonner,
Mais une coquette ne donne
Que ce qu'elle veut bien donner.
Quoique toujours prête à se rendre,
Rien chez elle n'est hazardé,
Par calcul elle fait attendre,
Quand par amour l'autre eut cédé.

ANTOINE.

Vous ne la ménagez pas.

CRINCOUR.

Crois-tu que je ne vois pas bien quelle espèce de femme ce peut-être.

JULIETTE, *toujours bas.*

Le sot !

CRINCOUR.

Mais pourvu que Linval l'épouse...

ANTOINE.

C'est tout ce qu'il vous faut ; mais croyez-vous que sa femme vous aime.

CRINCOUR.

Je m'en suis apperçu vingt fois.

JULIETTE, *de même.*

Quelle impertinence !

CRINCOUR.

Et maintenant plus que jamais ; l'abandon de son mari...

ANTOINE.

Et puis, vous faites si bien votre cour.

JULIETTE.

On ne peut mieux. (*il lui échappe un éclat de rire.*)

CRINCOUR.

Je crois entendre...

ANTOINE.

Ce sera la voisine.

CRINCOUR.

Il fallait donc m'avertir ; si elle nous avait écouté.

ANTOINE.

Oh ! non. Elle arrive ; c'est l'heure du rendez-vous.

CRINCOUR.

Laisse moi faire. ( *très-près du mur et très-haut.* ) Oui, Antoine, Linval peut-être tranquille ; dis-lui que je n'ai pu l'attendre, mais que je travaille pour lui. Si le mauvais caractère de sa femme le force au divorce, il ne perdra rien du côté de la fortune ; non, pas une obole, ou je ne m'appelle pas Crincour. ( *bas à Antoine.* ) C'est-il adroit cela.

ANTOINE.

Je ne vous croyais pas si rusé...

CRINCOUR, *bas à Antoine.*

Si cette pauvre madame Linval m'entendait. ( *se rapprochant du mur, et toujours très-haut.* ) J'ai vu sa femme hier, je l'en ai prévenue ; mais elle est si pressée, si pressée de voir achever son divorce, qu'elle consent à tout.

JULIETTE.

Le traître.

CRINCOUR, *bas à Antoine.*

C'est bien mentir, car voilà plus de huit jours que je n'ai pu la trouver chez sa mère.

ANTOINE.

Vous serez plus heureux aujourd'hui.

CRINCOUR.

Dis à Linval que je reviendrai dans la matinée. Toi, songe....

ANTOINE.

Fiez-vous à moi. ( *Crincour sort.* )

---

## SCENE VII.

ANTOINE, *dans le jardin de Linval*, JULIETTE, *dans l'autre jardin.*

ANTOINE.

Il a bien l'ame d'un procureur, celui-la ; et jamais il ne perdra ses vieilles habitudes.

Air : *tout roule aujourd'hui dans le monde.*

Prendre, fit jadis son étude ;
Prendre était son unique gain ;
Il prendrait tout par habitude,
Et pr ndrait tout de toutes mains.
Prendre est le bonheur de son ame,
Prendre est un tel besoin pour lui,
Qu'il faut même quand il prend femme
Qu'il prenne la femme d'autrui.

JULIETTE.

Le perfide est donc parti !

ANTOINE, *montée sur le tertre.*

Voulez-vous encore le charger de vos intérêts.

JULIETTE.

Il faut que cela finisse ; je veux voir mon mari, ce matin ; le voir comme sa femme d'abord, et puis...

ANTOINE.

Croyez-vous le moment bien venu ; prenez y garde, ne hazardez rien.

JULIETTE.

J'y suis décidé, je vais m'occuper de mon projet ; je reviendrai au rendez-vous comme à l'ordinaire. Toi, veille sur Linval.

ANTOINE.

Mais songez...

JULIETTE, *descend et sort.*

C'est un parti pris... Adieu.

---

## SCENE VIII.

ANTOINE, *seul dans le jardin de Linval.*

Air : *Du vaud. d'Honorine.*

Son succès la flatte et la gêne ;
Comme son cœur est certain de l'amant,
Un segret orgueuil qui l'entraîne
Veut du mari triompher, maintenant
A-t-elle raison ? son épouse,
Je n'en sais rien, ce que je crois,
C'est qu'une femme est moins jalouse
De ses charmes que de ses droits.

## SCENE IX.

LINVAL, ANTOINE, *dans le jardin de Linval.*

LINVAL.

Personne encore n'a paru !

ANTOINE.

Monsieur Crincour est venu.

LINVAL.

Je parle d'Elise.

ANTOINE.

Non. . . Vous avez sans doute, comme de coutume, été à la découverte inutilement encore ?

LINVAL.

Je sais enfin qui elle est.

ANTOINE, *à part.*

Ciel !... ( *haut.* ) Vous savez qui elle est.

LINVAL.

Elise n'est pas son vrai non.

ANTOINE.

Ah !... ( *à part.* ) Où à-t-il su...

LINVAL.

C'est une jeune femme.?.

ANTOINE.

Oui.

LINVAL.

De vingt ans.

ANTOINE, *à part.*

Il n'est que trop vrai.

LINVAL.

Qui a éprouvé des chagrins...

ANTOINE.

Comment !

LINVAL.

Par son mariage...

ANTOINE.

On vous a aussi parlé de son mari ! et que vous en a-t-on dit ?

LINVAL.

Air : *Toute ma réponse est dans mes yeux.*

Négligeant, distrait,
Sombre, inquiet,
Cet époux volage,
Etait dans son ménage,
Négligeant, distrait,
Sombre, inquiet,
Voilà le portrait,
Que de lui l'on m'a fait.

Il n'avait plus cette ardeur emprsssée,
Ce soin de plaire attentif et touchant,
Et chaque jour sa femme délaissée,
Dans le mari cherchait en vain l'amant.

| LINVAL. | ANTOINE. |
|---|---|
| Négligeant, distrait, | Eh ! mais l'on dirait, |
| Sombre, inquiet, | Que trait pour trait, |
| Cet époux volage, | D'un époux volage, |
| Négligeant, distrait, | En me traçant l'image, |
| Etait dans son ménage, | Eh ! mais l'on dirait, |
| Sombre, inquiet, | Que trait pour trait, |
| Voilà le portrait, | A dessein il fait, |
| Que de lui l'on m'a fait. | Lui-même son portrait. |

LINVAL.

Sa triste épouse en vœux perdus
Laissais consumer son jeune âge,
Ce cœur ingrat ne voyait plus,
Ni ses charmes ni ses vertus.

| LINVAL. | ANTOINE. |
|---|---|
| Négligeant, discret, etc. | Eh ! mais l'on dirait, etc. |

ANTOINE, *à part.*

Je n'y conçois rien... ( *haut.* ) Mais, monsieur, ce mari va vous gêner.

LINVAL.

Il est mort.

ANTOINE, *à part.*

Ah !... Je me rassure... ( *haut.* ) Il est mort ?

LINVAL.

Oui, elle est veuve.

ANTOINE.

Monsieur, porte-t-elle encore le deuil ?

LINVAL.

Je ne sais pas.

ANTOINE.

Qui vous a si bien instruit ?

LINVAL.

Un homme que j'ai aposté.

ANTOINE.

Il est adroit.

LINVAL.

Il n'y a que son vrai nom qu'il n'a pas pu savoir...

ANTOINE.

Il pourra le découvrir. Cet homme me paraît intelligent.

LINVAL.

Oui ; il m'a promis que je le saurais ce soir.

ANTOINE, *à part.*

Peut être avant.

LINVAL.

Elise tarde bien.

ANTOINE.

Voulez-vous, en l'attendant, lire ces papiers que monsieur Crincour a apporté : ce sont les pièces nécessaires à votre divorce.

LINVAL.

Tu les mettras dans mon cabinet.

ANTOINE.

Il n'en manque pas une.

LINVAL.

Tant mieux, que cela finisse.

ANTOINE.

Vous êtes donc bien déterminé.

LINVAL.

Air : *Dès ce soir l'hymen m'engage.*

Oui, je rompts un mariage,
Que l'amour n'a pas formé,
Dans ces nœuds, quand on s'engage,
Il faut aimer, être aimer ;
Juliette, à ma tendresse,
N'opposa que la froideur,
Mon Elise ! ô douce ivresse,
Tu partages *(bis.)* mon ardeur,
(*à Antoine.*) Elle partage mon ardeur.
Oui, je rompts, etc.

ENSEMBLE.

| LINVAL. | ANTOINE. |
|---|---|
| Non, je rompts un mariage, | Pourquoi rompre un mariage, |
| Que l'amour n'a pas formé, | Que vos parens ont formé? |
| Dans ces nœuds, quand on s'engage, | Se peut-il qu'on se dégage! |
| Il faut aimer, être aimé. | Quand on aime, on est aimé. |

ANTOINE.

Mais, monsieur, si vous quittiez votre femme pour n'en plus avoir, encore passe; mais pour en prendre une autre, et sans savoir si vous gagnerez au change.

LINVAL.

En peux-tu douter.

ANTOINE.

D'abord vous ne l'avez pas vue; on vient de vous dire, il est vrai, qu'elle est jolie; mais votre femme...

LINVAL.

Oh! n'était pas mal.

ANTOINE.

Je doute que l'autre soit mieux.

LINVAL.

Et ses talens, son chant.

ANTOINE.

Il est vrai qu'elle chante bien; mais votre femme chantait-elle si mal?

LINVAL.

Quelle différence.

ANTOINE.

Vous trouvez.

LINVAL.

Et son esprit. Cet art de ne me parler jamais que le langage qui m'a séduit, de n'employer que des refreins de chansons...

ANTOINE.

Et de leur faire dire ce qu'elle veut.

LINVAL.

Jamais ma femme n'aurait eu cette adresse.

ANTOINE.

Il est sur que c'est drôle.

Air : *Ton humeur est, Catherine.*

En chantant elle sait dire
Plus qu'en parlant on ne dit;

Il est adroit de tout dire
Avec ce qu'un autre a dit ;
On dit ce que l'on veut dire,
Cependant l'on a rien dit;
Et paraîssant ne rien dire,
Il n'est rien que l'on ait dit.

Mais quand il sagit de dire
Certain mot que chacun dit,
Une femme sait le dire,
Comme encor nul ne l'a dit;
Ses yeux ont l'art de le dire,
Si sa bouche ne le dit,
Et celle qui l'ose dire,
Peut dire qu'elle a tout dit.

---

## SCENE X.

LINVAL, ANTOINE, *dans le jardin de Linval*, JULIETTE, *dans son jardin, puis sur le tertre.*

JULIETTE.

Voici l'heure du rendez-vous, voyons si mon époux est exact.

*L'amour croît s'il s'inquiète,*
*Il s'endort, s'il est content.*

LINVAL, *près du mur.*

Air : *Il pleut, il pleut bergère.*

Est-ce vous, mon Elise?
Mon Elise, est-ce vous?
Voici l'heure promise....

JULIETTE.

*La bergère un peu coquète,*
*Rend le berger plus constant!*

LINVAL, *continuant l'air.*

Accens flatteurs et doux!
Cette voix fraîche et tendre
Me plaît tant, que je crois,
Je crois toujours l'entendre
Pour la première fois.

ANTOINE, *à part et travaillant dans le jardin pendant toute cette scène, mais observant toujours Linval.*

Il l'a pourtant entendue quelquefois, et de près.

LINVAL.

Air : *Une fille est un oiseau.*

» Ah ! fuyez un vain soupçon!
» Cette aveugle fantaisie ,
» Qu'on appelle jalousie ,
» Est le plus mortel poison !...

JULITTE, *l'interrompant.*

» *Notre femme a beaucoup d'appas ,*
» *Celle du voisin n'en a guères ;*
» *Mais on n'aime ce qu'on n'a pas ,*
» *Et ce qu'on a cesse de plaire.*

ANTOINE.

Attrappe.

LINVAL, *à Antoine.*

C'est mon mariage qui la rend infléxible.

ANTOINE.

Je le crois comme vous.

LINVAL, *se rapproche du mur, et continuant l'air, une fille est un oiseau.*

» Pourquoi cette crainte vaine ?
» Ne riez plus de ma gêne !
» D'aignez adoucir la peine
» Que j'endure près de vous !

JULIETTE.

» *Pauvres amans ! pauvres amans !*
» *On ne crois guère à vos tourmens !*

ANTOINE.

De la raillerie.

LINVAL, *fin de l'air.*

» Ah ! pour prix de mon martyre,
» Amant soumis je n'aspire,
» Qu'a mourir à vos genoux. (*4 fois.*)

JULIETTE.

» Oh ! ces hommes, ces pauvres hommes,
» Quand ils sont bien enchaînés,
» Ont vous les mène...

ANTOINE.

» Et r'lan tan plan, mèche allumée,
» Et r'lan tan plan.
Tambour battant.

LINVAL, *à Antoine.*

Oui, oui, Antoine, ce qui me nuit auprès d'elle, c'est ma femme.

ANTOINE.

Vous dites bien, c'est votre femme.

LINVAL.

l faut pourtant la fléchir.

Air : *Dès que la nuit sombre.*

» Ma chaîne se brise !
» Libre désormais,
» Mon cœur est Elise
A vous pour jamais.

JULIETTE, *en l'interrompant.*

*Hélas ! il a pu changer.*

LINVAL, *continuant l'air dès que la nuit sombre.*

» Notre destinée,
» Elise, à tous deux
» Fut, par l'hyménée,
» D'être malheureux.

ANOINE, *à part.*

Elle s'attendrit ! sa rigueur ne tient plus qu'à un fil.

LINVAL, *finissant l'air dès que la nuit sombre.*

» Et pourquoi, cruelle !
» Soupçonner mes feux ?
» Est-on infidèle
» Quand on est heureux. (4 *fois.*)

JULIETTE.

» *Avec ton cœur, s'il est fidèle,*
» *Je n'ai plus rien à desirer.*

ANTOINE, *à part.*

Le fil est rompu.

LINVAL.

Mon cœur sera fidèle ! il le sera.

JULIETTE, *attendrie.*

Jettons-lui le bouquet et la clef.

( *Elle baisse son voile, monte à la moitié du tertre, et appuie sa main sur le mur pour jeter le bouquet de l'autre main.* )

LINVAL, *appercevant la main.*

Dieu !

ANTOINE.

Qu'avez-vous ?

LINVAL.

Sa main !... Aide-moi.

ANTOINE.

Volontiers. ( *Il l'aide à monter et le retient en même tems.* ) ( *à part.* ) Si je le laissais faire, il monterait trop haut.

LINVAL.

Quel main !... quel bras !

ANTOINE.

La première fois qu'on voit ces choses-là.

( *Linval se saisit de la main que Juliette veut retirer.* )

LINVAL.

Ah ! un baiser ! un seul baiser : c'est un époux qui le demande.

JULIETTE, *cédant.*

» *S'il doit les avoir tous un jour.*
*Quel mal, quel mal d'en prêter un d'avance.*

ANTOINE.

Monsieur, dépêchez-vous donc.

JULIETTE.

*Qu'il vienne (bis.) ici dans le bosquet.*

LINVAL.

*J'aurai le cœur.*

JULIETTE.

*Et le bouquet.*

( *Elle jette le bouquet et sort.* )

---

## SCENE XI.

LINVAL, ANTOINE, *dans le jardin de Linval.*

LINVAL.

Un bouquet ! ( *il prend le bouquet et le presse contre son cœur.* )

ANTOINE.

Voilà, grace à moi, vos affaires en bon train ; si votre femme savait...

LINVAL, *s'adressant toujours à Elise.*

Air : *Vaud. de l'Isle des femmes.*

De ce bouquet, mon cœur comprend,
Elise, le flatteur langage,
Dans votre bouche cependant
Il me plairait bien davantage.

Encore un mot, un mot charmant,
Ce n'est qu'un mot que je desire,
Ce mot si doux, quand on l'entend,
Est-il si difficile à dire ?

ANTOINE.

On sonne. ( *Il sort.* )

## SCENE XII.

LINVAL, *seul dans son jardin ; il apperçoit une clef dans le bouquet.*

Une clef ! le mot est dit. Ah ! sans doute, c'est la clef de son jardin : volons à ses pieds.

## SCENE XIII.

LINVAL, ANTOINE, *dans le même jardin.*

ANTOINE.

Monsieur, elle est là.

LINVAL.

Qui ?

ANTOINE.

Votre femme ; elle demande à vous voir.

LINVAL.

Dis que je n'y suis pas... J'ai la clef d'Elise.

ANTOINE.

J'ai dit que vous y étiez.

LINVAL.

Dis que je suis malade.

ANTOINE.

J'ai dit que vous vous portiez bien.

LINVAL.

Dis que je suis en affaire.

ANTOINE.

J'ai dit que vous étiez seul.

LINVAL.

Eh bien, dis...

ANTOINE.

Qu'elle peut entrer.

LINVAL.

Dans mon sallon.

ANTOINE.

La voilà. *( Elise entre. )*

LINVAL, *à part.*

Prends cette clef.... Dieu, si Elise nous entend.... Quel contretems !

---

## SCENE XIV.

LINVAL, JULIETTE, ANTOINE, *dans le jardin de Linval.*

JULIETTE.

Ma visite paraît vous embarrasser.

LINVAL.

Non, mais elle me surprend.

JULIETTE.

J'ai cru tout naturel de venir m'entendre avec vous sur notre divorce.

LINVAL, *très-haut.*

Oui ! sur notre divorce !... ( *à part.* ) Tâchons de l'éloigner d'ici.

JULIETTE.

D'après votre lettre, qui, entre nous, n'est pas très-aimable...

LINVAL.

Nous serions mieux dans la maison.

JULIETTE.

Nous sommes bien ici. N'aimeriez vous plus votre jardin... On m'a dit que vous y étiez souvent...

LINVAL, *très-haut.*

J'y trouve chaque jour un nouveau plaisir...

JULIETTE, *à part.*

Le traître !

ANTOINE, *à part, à Juliette.*

Eh ! c'est à vous que cela s'adresse.

JULIETTE.

Oui, le chant... des oiseaux!...

LINVAL.

Passons au moins nous asseoir sous ce berceau.

JULIETTE.

Non. Antoine, donnez nous des sièges. C'est ici l'endroit

de votre jardin où vous cultivez le plus de fleurs ; je les ai toujours aimées ; je vois que vous les aimez toujours, ce bouquet...

LINVAL, *embarrassé.*

Il est vrai... Ah ça, il s'agit entre nous d'arrangemens qui ne seront pas difficiles.

JULIETTE.

A propos!... Ce bouquet est joli, les fleurs en sont merveilleusement assemblées. . . . Sans doute elles ont été destinées.

LINVAL.

Elles ont été cueillies pour moi.

ANTOINE.

Madame, vous pouvez en être sûre.

JULIETTE.

Il est vrai que cela ne serait pas bien, avant que la loi n'ait prononcé...

LINVAL, *à part.*

Je n'aurais jamais cru que ce bouquet m'embarrasserait à ce point... ( *haut.* ) Nous disions donc....

JULIETTE.

Mais si ce bouquet...

LINVAL, *à part.*

Encore!... ( *à Antoine, en montrant le mur.* ) J'espère qu'elle n'y est plus.

ANTOINE.

Monsieur, je l'entends toujours.

LINVAL, *à part.*

Quel martyre !

JULIETTE.

Qu'avez-vous donc ? il semble qu'il y ait du mystère. . . Est-ce la crainte de vous voir obligé de m'offrir ce bouquet... Il me plait ! et je vous le demanderais si je pouvais vous en croire.

ANTOINE.

Oh, monsieur vous a dit vrai, et il va vous le prouver.

LINVAL, *à Antoine.*

Tais-toi.

JULIETTE.

Un mari ne donne guère de bouquets à sa femme ; mais au

point où nous en sommes, c'est à peu près comme si vous ne l'étiez plus, et en divorçant, un mari peut redevenir galant.

ANTOINE, *à part.*

Allons, monsieur, donnez donc.

LINVAL, *à Antoine.*

Je ne puis...

ANTOINE, *à Linval.*

Je vous en ferai un autre.

JULIETTE.

Eh quoi! vous n'osez! un bouquet n'engage à rien.... D'ailleurs, qui le saura. (*elle prend le bouquet.*) Je le porterai avec plaisir.

LINVAL, *à Antoine.*

Je ne la croyais pas si aimable.

JULIETTE, *à part.*

Il me trahit encore, et je ne puis m'en fâcher.

LINVAL, *à Antoine.*

Si Elise nous entend, je suis perdu.

JULIETTE.

Eh bien! voilà comme il faut se quitter.

LINVAL.

Ah! oui, réglons notre objet; rien ne sera plus facile: le consentement mutuel.

JULIETTE.

Non.

ANTOINE.

Comment!

JULIETTE.

Si vous avez des raisons pour demander le divorce, je n'en ai pas pour y consentir.

LINVAL.

Mais, songez dans quel embarras...

JULIETTE.

Point du tout, vous alléguerez vos motifs; mes defauts...

LINVAL.

Vos défauts...

JULIETTE.

J'en ai beaucoup, n'est-ce pas?

LINVAL.

Je ne m'en rappelle pas...

JULIETTE.

Par politesse. . . Faut-il vous aider à les retrouver ? ( *ils s'assoient.* ) Venez vous asseoir là, à côté de moi.

LINVAL, *à part.*

Elle me met dans un embarras. ( *à Antoine.* ) Crois-tu qu'Elise soit toujours là ?

ANTOINE.

Non, je crois qu'elle n'y est plus.

JULIETTE.

Eh bien ! venez donc ! venez donc !

ANTOINE.

Cela ne s'arrange pas mal.

LINVAL, *à part.*

Elle me fait faire ce qu'elle veut.

( *Il va s'asseoir à côté de sa femme.* )

ANTOINE.

Il faut les laisser ; je crois que je finirais par être de trop.

---

## SCENE XIV.

LINVAL, JULIETTE, *dans le même jardin.*

JULIETTE.

On connaît bien ses défauts soi-même, et l'on gagne à en parler ; c'est le moyen de s'en corriger, et ne fut-ce que pour me rendre plus digne d'un autre.

LINVAL.

D'un autre !...

JULIETTE.

Voyons ! voyons ! je ne veux pas m'épargner.

Air : *De la belle Porcatiné.*

Etourdit volontaire,
Quelquefois trop sincère,
Tel est mon caractère,
Vous saviez bien cela ;
Puis à qui sait me plaire ;
Je veux seule être chère !
Oui, j'ai ce défaut là :

LINVAL.

Comment donc, désir flatteur,
De plaire !
Franche humeur,
Même un peu volontaire,
C'est un charme que cela !
Que n'aviez-vous ces défauts-là,
Ces jolis défauts-là.

JULIETTE.

Les femmes sont grondeuses,
Exigeantes, boudeuses,
Légères, curieuses,
Souvent capricieuses,
Par fois même fâcheuses,
Ai-je ces défauts-là ?
Oui ! oui ! j'ai ces défauts-là.

LINVAL.

Exigeante, boudeuse,
Vous n'êtes pas cela.
Légère, curieuse,
Grondeuse ni fâcheuse
Passons ces défauts-là !

Etourdi volontaire, etc.

JULIETTE.

(*Fin de l'air.*)

Entre nous point de gêne,
Et tandis que je suis là....

LINVAL.

Soyez moins inhumaine,
emme aimable jamais n'à
De défauts quand elle est là. (*bis*)

*ENSEMBLE.*

LINVAL.

Femme aimable jama is n'a
De défauts quand elle est-là,

JULIETTE.

Ah ! terminons tout cela,
Et tandis que je suis là.

JULIETTE.

Ce que vous dites-là est bien galant.

LINVAL, *à part.*

Elle est charmante !

JULIETTE.

Il faut pourtant convenir de quelque chose.

LINVAL.

Air : *Servantes, quittez vos paniers.*

En vous je ne vois rien, non rien
Qui soit digne de blâme.

JULIETTE.

C'est bien facheux !

LINVAL.

Oui, j'ens conviens.
Vous en riez, madame.

JULIETTE.

Eh ! vraiment qui ne rirait pas ?
Vit-on jamais tel embarras,
Un mari qui ne trouve pas
De défauts à sa femme.

J'ai pourtant un grand tort auprès de vous.

LINVAL.

Un grand tort.

JULIETTE.

Oh ! oui.

Air : *je le compare avec Louis.*

Pour faire des époux constans,
Suffit-il d'une signature ;
Ah ! de l'hymen, de la nature,
Les vrais liens sont les enfans.
Quitter dans son humeur légère,
La femme qui cesse de plaire,
C'est aisé *(bis) (mais)* si j'eusse été mère.

LINVAL.

Que me dites-vous ! *(il lui prend la main, et Crincour entre.)*

---

## SCENE XVI.

Les précédens, CRINCOUR, *dans le jardin de Linval.*

CRINCOUR.

Ah !

LINVAL, *à part.*

Il arrive à propos.

JULIETTE, *à Crincour.*

Vous ne vous attendiez pas à nous trouver ensemble ?

CRINCOUR.

J'en conviens.

JULIETTE.

Nous causions de notre divorce.

LINVAL.

Il y a un obstacle.

CRINCOUR.

Je le leverai.

LINVAL.

Madame ne veut pas donner son consentement.

CRINCOUR.

Elle a tort.

JULIETTE.

Je n'ai pas de raisons.

CRINCOUR, *à part, à Juliette.*

Je vous en fournirai.

LINVAL.

Si pourtant il n'y a pas consentement mutuel...

CRINCOUR.

Incompatibilité d'humeur. Voyons seulement les papiers : vous les a-t-on remis ?

LINVAL.

Antoine a du les mettre dans mon cabinet.

CRINCOUR.

Allez les chercher.

JULIETTE.

A quoi bon ?

CRINCOUR, *à Juliette, à part.*

J'ai à vous parler.

JULIETTE.

Oui, je serais bien aise de voir ces papiers. (*à part.*) Ne fut-ce que pour les déchirer devant cet homme.

LINVAL, *piqué.*

Tous seriez bien aise de les voir, madame, je vais les apporter. ( *Il sort.* )

---

## SENE XVII.

CRINCOUR, JULIETTE, *toujours dans le même lieu.*

CRINCOUR.

Vit-on jamais pareille imprudence !

JULIETTE.

Q'avez-vous donc ?

CRINCOUR.

Comment ! la veille d'un divorce, vous venez chez votre mari, vous restez seule avec lui.

JULIETTE.

Eh bien !

CRINCOUR.

Vous ne savez pas à quoi vous vous exposez.

JULIETTE.

A quoi donc ?

CRINCOUR.

Oh ! à quoi ! à quoi ! à vous raccommoder.

JULIETTE.

Et quand cela arriverait.

CRINCOUR.

Vous raccommoder avec un homme qui vous dédaigne, vous trahit, vous joue.

JULIETTE, *finement.*

Qui me trahit et qui me joue.

CRINCOUR.

J'ai été chez vous vingt fois pour vous le dire... Apprenez que votre rivale demeure là. . . là... là. . . . Que chaque jour votre mari lui parle...

JULIETTE.

Je le sais.

CRINCOUR.

Qu'elle lui répond.

JULIETTE.

Je le sais.

CRINCOUR.

Qu'il lui écrit.

JULIETTE.

Je le lais.

CRINCOUR.

Qu'elle lui écrit.

JULIETTE.

Je le sais, vous dis-je.

CRINCOUR.

Qu'il l'aime comme un fou.

JULIETTE.

Encore une fois, je le sais. . . Mais ce n'est là qu'une intrigue passagère.

CRINCOUR.

Non pas, non ! il ne veut divorcer avec vous que pour l'épouser.

JULIETTE.

Pour l'épouser... Je ne crois pas qu'il l'épouse.

CRINCOUR.

Il l'épousera.

JULIETTE.

C'est impossible ; une femme de cette espèce.

CRINCOUR.

C'est une femme estimable !

JULIETTE.

Que ne me dites-vous qu'il l'a déjà épousée.

CRINCOUR.

Non pas, mais cela arrivera.

JULIETTE.

Et la manière seule dont elle l'a séduit... Je sais tout, vous dis-je.

CRINCOUR.

Vous vous trompez ; elle est pleine de délicatesse ; elle ne veut même pas le voir tant qu'il ne sera pas divorcé.

JULIETTE.

Il ne l'a donc pas vue ?

CRINCOUR.

Non !

JULIETTE.

Cela me donne de l'espoir !... D'après ce que j'ai entendu dire, c'est une adroite personne.

CRINCOUR.

Oh oui !

JULIETTE.

Ce mystère me le prouve, car, voyez-vous.

Air : *Vaud. des petits Montagnards.*

La beauté sensible abandonne,
Ce qu'elle craint d'abandonner ;
Mais une coquette ne donne
Que ce qu'elle veut bien donner ;
Quoique toujours prête à se rendre,
Rien chez elle n'est hazardé,
Par calcul, elle fait attendre ;
Quand, par amour, l'autre eut cédé.

CRINCOUR, *à part.*

Elle a de l'esprit ; ce qu'elle dit-là, je le disais tantôt.

JULIETTE.

Mais, dites-moi, comment se fait-il que vous vous donniez tant de soins pour notre divorce... D'après vos sentimens. . .

CRINCOUR.

J'ai fait d'abord ce que j'ai pu pour l'empêcher... et vous aimant. . . .

JULIETTE.

Vous m'aimez !

CRINCOUR.

Je m'immolais ; mais sa passion, peut-être la mienne...

JULIETTE

Ah ! de grace, supposez-moi autant de délicatesse qu'à votre belle dame, et ne me parlez d'amour qu'après mon divorce.

CRINCOUR, *à part.*

Cela ne sera pas long. Renvoyons-là. (*haut.*) Mais quand même votre intention eût été de vous raccommoder avec votre mari, fallait-il le venir chercher ; n'aviez vous pas cent moyens de l'attirer chez vous ?

JULIETTE.

En effet, j'ai tort ; vous m'ouvrez les yeux...(*à part.*) Oui, il est tems que je me retire.

CRINCOUR.

L'honneur du sexe.

JULIETTE.

Air : *Je suis un chasseur plein d'adresse.*

Votre avis me guide et m'éclaire,
Chez moi je prétends retourner.

CRINCOUR.

Oui, pour terminer cette affaire,
Moi-même je veux l'y mener ;
Avec vous il faut qu'il s'acquitte,
Attendez donc notre visite.

JULIETTE.

Bon ! de lui-même il y viendra ;
Mon cher Crincour, il s'y rendra,
Tout seul il s'y présentera,
Et ce soir même il y sera.

ENSEMBLE.

| JULIETTE, *qui sort pendant ce couplet.* | CRINCOUR, *en la reconduisant.* |
|---|---|
| Bon, de lui-même il y viendra, | Soyez sur qu'il y viendra, |
| | (*à part.*) |
| Mon cher Crincour, il s'y rendra, | Je ne crois pas qu'il y viendra, |
| Tout seul il s'y présentera, | (*haut*) Certes, il s'y présentera, |
| Et ce soir même il y sera. | Et ce soir même il y sera.. |

## SCENE XVIII.

CRINCOUR, *seul dans le jardin de Linval.*

Cette femme aime encore son mari; il faut aller vîte en besogne. C'est beaucoup qu'il ne la retrouve pas ici, le reste me regarde, un mari et une femme ont toujours quelque peine à se quitter; mais...

Air: *Ce n'est que pour Madelon.*

Aidé d'un dépit jaloux,
Je sais bien ourdir une trame,
Près de l'époux calomniant toujours la femme,
Et près de la femme l'époux,
C'est un plaisir bien gai, bien doux,
Que de diviser deux époux;
Après tout, est-ce un si grand mal
Que de rompre un nœud conjugal,
Je n'en sais rien; mais dans la vie,
Moi, je ne me désennuie
Qu'en faisant un peu de mal.

## SCENE XIX.

LINVAL, CRINCOUR, ANTOINE.

LINVAL.

Voilà les papiers... Où donc est-elle?

CRINCOUR.

Elle est en allée... Elle m'a laissé.

LINVAL.

Elle se sera piquée... Aussi qu'elle maladresse à moi d'aller chercher ces papiers... Au reste, j'en suis bien aise...

CRINCOUR.

Comment!

LINVAL.

Elle a fait sur moi une impression !... Tenez, si vous n'étiez pas arrivé, je crois que j'allais me raccommoder avec elle.

CRINCOUR, *à part.*

Quel bonheur !

ANTOINE.

A propos, monsieur, et cette clef ! (*Il tire la clef.*)

CRINCOUR.

Quelle clef ?

LINVAL.

La clef du jardin d'Elise, qu'elle m'a jettée tantôt.

CRINCOUR.

Quoi ! vous avez la clef et vous n'avez pas été...

LINVAL.

C'est la visite de ma femme qui m'en a empêché...

CRINCOUR.

Mais allez vîte.

LINVAL.

Un moment ! laissez-moi respirer ! (*à Antoine.*) Non, je ne connaissais pas ma femme, et sans la passion qu'Elise m'a inspirée...

ANTOINE.

Songez qu'elle vous attend.

CRINCOUR.

Et que si vous ne saisissez pas l'occasion...

---

## SCENE XX.

LINVAL, CRINCOUR, ANTOINE, *dans le jardin de Linval*, JULIETTE, *dans son jardin.*

JULIETTE.

Viendra-t-il ? (*Elle s'approche du mur.*)

LINVAL.

De l'esprit, de la délicatesse ; une manière de s'exprimer !

CRINCOUR.

Cela ne vaut pas votre Elise. Eh quoi ! vous hésitez !

JULIETTE.

Il hésite ! portons le dernier coup.

Air : *Faire voudrait belle Marie.*

O ! que vos jours content paisibles !...

LINVAL.

Je l'entends.

JULIETTE.

Cœur sages ! cœur indifférens !
L'amour réserve aux cœurs sensibles
Tous les chagrins, tous les tourmens.

CRINCOUR.

Entendez-vous ?

LINVAL.

Quelle émotion !

CRINCOUR.

Voilà la clef.

JULIETTE.

Déjà je l éprouve moi-même,
Linval, Linval, quelle froideur,
Hélas ! du moment que l'on aime,
Faut-il renoncer au bonheur.

Viendra-t-il.

LINVAL.

Je n'y tiens plus.

CRINCOUR.

Eh ! oubliez votre femme.

ANTOINE.

Elle vous appelle.

LINVAL.

Je vole à ses pieds. *( Il sort. )*

---

## SCENE XXI.

CRINCOUR, ANTOINE, *dans le jardin de Linval*, JULIETTE, *dans le sien. Pendant cette scène, elle va écouter au fond du jardin.*

CRINCOUR.

Ma foi, mon cher Antoine, nous l'avons échappé belle ! admire mon bonheur ! quand je suis entré, j'ai cru qu'il allait baiser la main de sa femme.

ANTOINE.

Il l'a baisée, monsieur Crincour.

CRINCOUR.

J'ai tremblé qu'ils ne vinssent à se raccommoder.

ANTOINE.

J'ai peur qu'ils ne se raccommodent encore !

CRINCOUR.

Plus de crainte ! cela va s'arranger.

ANTOINE.

Oh ! oui, oui, cela s'arrangera.

CRINCOUR.

Sais-tu qu'il a raison ; son Elise chante bien.

ANTOINE.

Je veux être témoin de l'entrevue.

CRINCOUR.

Moi, je vais écouter. (*Antoine sort.*)

---

## SCENE XXII.

CRINCOUR, *dans le jardin de Linval*, JULIETTE, *dans le sien.*

CRINCOUR.

Je voudrais bien être témoin de ce premier moment...

JULIETTE.

J'entends mettre la clef dans la serrure ; c'est lui.

(*Elle court s'asseoir de manière que Linval ne la voye que par derrière, et lui cache le bouquet.*)

---

## SCENE XXIII.

JULIETTE, LINVAL, ANTOINE, *dans le jardin de Julliette.*

JULIETTE, *même air.*

Lorsque Linval avec ivresse,
Ce matin a reçu ces fleurs.

LINVAL.

Dieux ! elle parle du bouquet.

JULIETTE.

Puis je craindre que sa tendresse,
Ne dure moins que leurs couleurs.

CRINCOUR, *grimpant au mur.*

Essayons de voir.

JULIETTE.

Linval, cher Linval, viens toi-même
Prouver à mon cœur agité,
Qu'on goute par fois quand on aime
La plus douce félicité.

LINVAL.

Oui, mon Elise! Eh quoi! vous vous dérobez à mes yeux; craignez-vous d'offrir à mes regards des traits inconnus, il est vrai, mais que la douceur de vos accens m'a fait adorer d'avance.

JULIETTE, *chante.*

*Ce n'est pas cela qui me met en peine.*

LINVAL.

De grace, plus de refus à l'amant à l'époux dont le sort est lié au vôtre pour la vie.

JULIETTE.

*Vous l'ordonnez, je me ferai connaître.*

LINVAL.

Ciel! ma femme.

CRINCOUR.

Sa femme!

ANTOINE.

Oui, monsieur Crincour, sa femme.

JULIETTE, *à Linval.*

J'en suis fâchée, monsieur, mais ce n'est que votre femme.

LINVAL.

Quoi! c'est vous!... Quelle erreur! quel charme!... Comment pourrai-je jamais obtenir mon pardon!

JULIETTE, *lui rend le bouquet.*

Combien de fois, monsieur, faudra-il encore vous le donner.

ANTOINE.

C'est pourtant monsieur Crincour et moi qui avons mené tout cela!

LINVAL, *à Antoine*

Mon ami, je n'oublierai jamais ce service.

CRINCOUR.

Moi, je n'attends pas la récompense. ( *Il va pour sortir.* )

LINVAL.

Ces lieux où je vous retrouve me seront toujours chers... Mais venez chez moi.

Air : *Vaud. de l'Afficheur.*

Quand, chez sa maîtresse, un époux
Est pris par sa femme sensible,
Ce sont des cris, c'est un courroux,
Vraiment c'est un tapage horrible!
Tout, par ma femme, est évité,
Si son indulgente tendresse,
Chez moi, par excès de bonté,
Amène ma maîtresse!

CRINCOUR, *revenant.*

La porte est fermée.

ANTOINE, *à part.*

C'est le cas d'un repas de noces; j'y ai pourvu. (*haut.*) Monsieur Crincour voudra bien être du dîner?

CRINCOUR.

Non pas! non pas!

LINVAL.

Daignerez-vous venir chez moi.

JULIETTE.

Nous y serons tous deux plus à notre place.

(*Ils sortent avec Antoine.*)

ANTOINE.

Bon, nous allons prendre ce monsieur Crincour, car j'ai fermé les portes.

## SCENE XXIV.

CRINCOUR, *seul dans le jardin de Linval.*

Comment m'échapper. Franchissons le mur. (*Il passe par-dessus le mur.*) Puisqu'ils viennent par ici, allons nous en par-là. Point de chûte, l'instant est dangereux. Ah! m'y voilà.

## SCENE XXV. ET DERNIERE.

LINVAL, JULIETTE, ANTOINE, *dans le jardin de Linval*, CRINCOUR, *dans l'autre jardin.*

ANTOINE, *en entrant.*

Où est-il donc? il faut qu'il ait franchi le mur.

LINVAL.

Ne songeons qu'à notre bonheur.

## *VAUDEVILLE.*

*Air nouveau.*

ANTOINE.

Dans sa maison, jeunes époux,
Quand on n'appelle par soi-même
Le dieu malin qui veut qu'on aime;
Tôt ou tard il y vient sans nous,
En vain on le chasse on le guette;
Malgré nos soins, on sait combien,
Chez l'hymen, il fait en cachette,
Des brèches au Mur Mitoyen.

JULIETTE.

Du divorce on a fait la loi,
Pour les épouses malheureuses,
C'est aux épouses vertueuses
D'en fuir le douloureux emploi;
Et si le ciel du nom de mère,
Vous fit don, ah! gardez-vous bien,
Entre vos enfans et leur père,
D'élever ce Mur Mitoyen.

CRINCOUR, *dans le jardin de Juliette.*

Encore enfermé de ce côté, je vais donc toujours de peur en peur; hé! ma foi, il m'en prend bien une autre.

J'ai par fois entendu parler,
D'une ville ou certain prophète,
Jadis au son de sa trompète,
Vit les murailles s'écrouler;
Ce prodige qu'on ne crois guère,
Aujourd'hui ne m'étonne en rien;
Car un coup de sifflet peut faire
Tomber n[illegible] Mitoyen.

www.ingramcontent.com/pod-product-compliance
Ingram Content Group UK Ltd.
Pitfield, Milton Keynes, MK11 3LW, UK
UKHW021317190726
13839UKWH00007B/1922